AF387088

Niagara
Gedichte

Christoph Sebastian Widdau

Bibliografische Information der Deutschen Nationalbibliothek: Die Deutsche Nationalbibliothek verzeichnet diese Publikation in der Deutschen Nationalbibliografie; detaillierte bibliografische Daten sind im Internet über dnb.dnb.de abrufbar.

Herstellung und Verlag:
BoD – Books on Demand, Norderstedt

ISBN: 9783750408494

Für die, die ich nicht erreiche

Inhalt

Torfstichmärchen

Torfstecherin, Sehnsuchtsschergin
Stachst aus dem Moor
Ein verschwiegenes Herz
Das auf dem Spatenblatt zappelt
Wie ein scheidender Fisch

Weil du Märchen kennst, Arbeiterin
Schaufelst du es in den Feuchtboden
Das hauchelende Herz
Stichst andernorts fort mit Schwielen
Im Schweigen des Moors

Staubacker

Staubacker, fruchtlos ist
Ohne Schlag das Bleibende

Der nicht bestellte Boden
Den man Substanz hieß
Dessen Lage man vergaß
Dem das Licht fehlte und

Unter der rostenden Silbensichel
Bloß der Rasierstaub, meine Liebe
Ohne verfangene Früchte
Die wir sammeln und kosten könnten

Der nicht bestellte Boden ist es
Dessen Forderung ich verlor
An dich

Der Bruch

Dein gebrochener Flügel, Versehrte
Den ich breit und längs sacht kose
Ohne Unterlass

Dein schlagloser Fittich, Geliebte
Den ich scharf wachend verberge
Ohne Durchlass

Woraufhin einst in deinem Schlag
Die Erinnerung an das Kosen und Verbergen
Dir Bruch sei

Morgenandacht

Schachtgewitter, Schiebezähne
Schlachttonsuren, Löwenmähne
Machtgelüste, Weltenpläne
Brechen in den Nebeltraum
Sinken in des Mantels Saum

Schlaglichtzittern, Mauernbrüche
Sarggeklingel, Hexerküche
Parkgeplänkel, Blutgerüche
Schmuggeln sich in das Gespiel
Spülend durch der Sehnsucht Priel

Vom Donnerbalken

Aus deinem Kot hebe ich dich
Vermengt mit Blut und
Verschmiert an Unterarm und Schläfe

Geschossen vom Donnerbalken
In Belgien oder sonstwo und
Streiche dir durch das Haar

Als nützte es etwas
Mit der durchtrennten Kehle
Die du uns hinterlässt

Vergeudet all meine Liebe
Am Abort unseres Scheiterns und
In Schussweite, reckend

Gegendruck

Natürlich spürst du, Narr
In der Umarmung
Den Mangel an Gegendruck

Du bewahrst dein Druckmaß
Keine Senkung und
Keine Gegenwehr, nicht einmal das

Wäre dein Mund nicht an ihrem Ohr
Würdest du schreien
Doch spielst du mit den Winkeln

Bekundungssucht

Vor dir zu sprechen
Als seiest du ich

Von dir zu hören
Als sei ich du

Stattdessen
Falten wir Amtspapiere
Wichsen wir Wanderschuhe
Gruppieren wir Mamorfiguren
Verfolgen wir Federwolken
Strapazieren wir Dielenböden
Sperren wir die Katze ein

Lächerlich genug, Mensch
Die Sucht zu bekunden

Kathartische Versuchung

Das kühlende Tuch umspielst du
Behutsam um ihre Fesseln
Sanft um ihre Waden
Hauchfein um ihre Zehen

Entlang an den Adern
Während sie ihr Angesicht presst
In den Bausch des Kissens
Das ihren Ruf birgt

Weil Körner prasseln
Auf den ungeschliffenen Stein
Der die Wege scheidet
Und ihr Wagnis schirmt

Auf der Schwelle
Zu dem lodernden Boden
Erkaltest du einseitig, Synkope
Das, was umschließend ist

Entlassung

Vom Fenster aus winken
Einer Schneewehe
Die sich in Tropfen schlägt
An dem zerhauchten Glas

Mit einem Aufraffen
Dem Scherbengewitter
Existenz und Namen geben
Um den Hauch zu entlassen

Der dich hebt, Entleibtes
Um den Frost zu meiden
Der nicht zu meiden ist
In Atemohnmacht

Seelenödnis

Werkzeug, das uns umspielt
Dem wir, pupillenerweitert
Überantworten, unser Tun
Das wir umträumen, Blendwerk
Gemachtes, das wir machen lassen
Als wüssten wir, Blindwerk
Konstruierte Ohnmacht, Schlaglicht
Auf unsere geehrte Seelenödnis
Und die Feier unserer Aufgabe
Aller Phantasie, die wir ebneten

Psalm

In der Kehle des Trinkers
Spitzt sich nässend zu
Was in jedem Wortbegabten
Eindruckszwängen ist
Das fluchtlos bleibt
Verortet am Leib
An deinem und meinem

Versorgungsengpass

Steril, mein Augapfel
Besteht die Klanglinienbahn
Zwischen deinem und meinem Luftstrom
Zwischen deiner Silbe und Silbe, dein
Zwischen dem Interpunktierten
Das du mir spröde reichst

Sodass ich im Stundenverlust vegetiere
Du mich achtsam darben lässt
In einem verfallenen Bußwinkel
Der eine Mitte zu sein scheint
Zwischen deiner Schlichtheit und meiner
Zu unserem Totenfest

Die Prüfung

Schreibe mir, wieso du
Und ich, Träumer

Mit der Kreide, weiß und bunt
Auf den Brückenasphalt

Lass den Schirm sausen
Und entrinne nicht im Guss

Hebe mich mit deinem Wort
Sodass ich erahne, warum du träumst

Denn aus deinem Kummerblick
Entnehme ich rein nichts

In der fremden Sprache deines Gemüts
Bleibt es mir nichts als Strichfolge

Was du auf den nassen Asphalt bringst
Um mich zu erreichen

Mit geborgtem Wort

Wenn wir einander begegnen
Mit geborgtem Wort
Dann verschenken wir uns
An eine Welt ohne uns

Im Gehölz

Zwischen Früchten lugen wir
In Stiefeln eingegraben
Laub und Hölzer fugen wir
Den Bauschutt abzuschaben

Um Werk zu werden, Liebe
Im Meterwuchergras
Begründen wir ein Seelenstück
Mit Schenkelwinkelmaß

Niagara

Im Getöse des Falls, Bruchstück
Presst sich, unmerklich
Gedachtes einer Existenz
Die sich an eine Kiste vergibt
Im vernagelten Schlusspunkt

Auf der Suche nach Nägeln
Und Hölzern, man weiß nie
Treibt etwas in einem Wellengang
Der objektivlos donnert
In dem blicklosen Suchen, Gefährte

Nirgendort

Zwischen deinen Wangen
Im Klangfarbensäuseln
Mit deiner Silbenreihe
Schlägst du mich in einen Ton
Sodass der Stein bricht unter mir

Sodass der Erdschlund schlürft
Im schlichten Nirgendort
Mich umgarnt mit seiner Zunge
Während du den Hörer senkst
Und es unmerklich rauscht

Vaticinium ex eventu

Dass abzuwarten bleibt
Ob es so kommen wird oder anders
Stellen wir dar, Kunde

In dem Bericht zu Ihren Händen
Mit der Lupenschärfe der Prognosen
Die wir fanden und erfanden

In dem Ereignis, das sich anbahnt
Und wahrscheinlich ist, ein Stück weit
Könnte eine Chance bestehen

Auch dieses Szenario bildet ein Modell
Mit dem wir eine Linie ziehen
Um Ihren Auftrag anzunehmen

Mein Niklas

Wenn der junge Luhmannexeget
Mit der alten Luhmanninterpretin
Über die Luhmannrezension
Des blonden Luhmannkritikers spricht
Der keine Ahnung von dem hat
Was der alte Luhmann gedacht hätte
Über das, was der junge Luhmann dachte
Dann ist Zettelwirtschaft, mein Niklas

Trugschluss des Gesprächs

Trugschluss des Gesprächs:
Dass Worte synchron erschüttern

Wunde, mein Vater

Dass wir sprachlos harrten
Dass wir Wasser klammerten
Dass wir Gläser teilten
Dass wir zu ähnlich schienen
Dass wir die Rollen tauschten
Dass wir Masken wahrten
Dass wir Zentren blieben
Dass wir Minuten zählten

Dass wir nicht überwanden
Dich und mich
Bleibt meine Wunde
Mein Vater

Idylle

Im alten Stil, das Neigungsspiel
Gefeiert, Zufluchtsreigen
Auf Fersen, Zehen, Tanzschrittziel
Des Graswinds Laut erschallt fragil
Orchester ohne Geigen

Die Sonne sich an Schöpfen bricht
Erhellt ist nun der Reigen
Der Tänzer Nacken rot im Licht
Entflammt der Damen Angesicht
Im Sehnsuchtsbruch von Zweigen

Existenzgrundfrage

Ob du mir widmest einen Kuss
Der umschließt
Deiner Liebe Schluss

Existenzgrundfrage

Ob du mir widmest einen Kuss
Der umschließt
Deiner Liebe Schluss

Die Verwaltung des Todes

Im Nichts ausgetragen, Strichgut
Als Nichts, nichts weiter

Bloß noch geriebene Blüten hinzu
Des Kätzchens der Weide

Bloß noch eine Weise der Alten hinzu
Die Nichtgewesenes hebt

Bloß noch ein Sudelbuch hinzu
Das deinen Namen trägt

Bloß noch ein Glöckchen hinzu
Mit dem ich euch grüße

Bloß noch Dank an euch, Unzeitgenossen
Für die Ausleuchtung des Nichts